Racconti Magici: Storie Bilingue Inglese-Italiano per Bambini

Artici English

Published by Artici English, 2024.

While every precaution has been taken in the preparation of this book, the publisher assumes no responsibility for errors or omissions, or for damages resulting from the use of the information contained herein.

RACCONTI MAGICI: STORIE BILINGUE INGLESE-ITALIANO PER BAMBINI

First edition. June 4, 2024.

Copyright © 2024 Artici English.

ISBN: 979-8227373472

Written by Artici English.

Table of Contents

Captain Snaggletooth and the Lost Treasure of Tortuga

———

Once upon a time, in a faraway land where the sea met the sky in a breathtaking embrace, there sailed a notorious pirate named Captain Snaggletooth. He was a fearsome figure with a heart as dark as the stormiest night, but beneath his rugged exterior lurked a secret longing for adventure and the thrill of discovery.

Captain Snaggletooth and his ragtag crew of misfits roamed the vast ocean in search of treasure, plundering ships and causing mischief wherever they went. But despite their best efforts, they had yet to find the one treasure that had eluded them for years—the legendary Lost Treasure of Tortuga.

Legend had it that the treasure was hidden on a remote island, guarded by fearsome creatures and treacherous traps. Many had tried to find it, but none had succeeded. Undeterred by the dangers that lay ahead, Captain Snaggletooth set sail for Tortuga, his eyes gleaming with excitement.

As they approached the island, the crew grew nervous, but Captain Snaggletooth's determination never wavered. With his trusty map in hand, he led the way through dense jungles and treacherous cliffs, facing countless obstacles along the way.

But just when they thought they were nearing the treasure, disaster struck. A fierce storm descended upon the island, threatening to tear their ship apart. With lightning flashing and waves crashing around them, Captain Snaggletooth and his crew fought bravely to keep their ship afloat.

After what seemed like an eternity, the storm finally passed, leaving the crew battered but unbroken. Determined to press on, they resumed their search for the treasure, their spirits undimmed by the challenges they had faced.

And then, at long last, they found it—the fabled Lost Treasure of Tortuga, gleaming in the sunlight like a beacon of hope. With shouts of triumph, Captain Snaggletooth and his crew gathered up the treasure and set sail for home, their hearts full of joy and their pockets full of riches.

But as they sailed away from the island, Captain Snaggletooth couldn't help but feel a pang of sadness. For in his heart, he knew that the real treasure had been the journey itself—the adventures they had shared, the friendships they had forged, and the memories that would last a lifetime.

And so, as they sailed off into the sunset, Captain Snaggletooth vowed to continue seeking out new adventures, knowing that as long as he had his trusty crew by his side, there would always be treasure to be found, wherever the winds may take them.

Il Capitano Denteaguzzo e il Tesoro Perduto di Tortuga

C'era una volta, in una terra lontana dove il mare si incontrava con il cielo in un abbraccio mozzafiato, navigava un noto pirata di nome Capitano Denteaguzzo. Era una figura temibile con un cuore scuro come la notte più tempestosa, ma sotto il suo aspetto rude si celava un desiderio segreto per l'avventura e l'emozione della scoperta.

Il Capitano Denteaguzzo e la sua ciurma di emarginati vagavano nell'oceano vasto alla ricerca di tesori, saccheggiando navi e causando dispetti ovunque andassero. Ma nonostante i loro sforzi, dovevano ancora trovare il tesoro che li aveva elusi per anni: il leggendario Tesoro Perduto di Tortuga.

La leggenda diceva che il tesoro fosse nascosto su un'isola remota, custodito da creature temibili e trappole insidiose. Molti avevano cercato di trovarlo, ma nessuno era riuscito. Nonostante i pericoli che li attendevano, il Capitano Denteaguzzo salpò verso Tortuga, gli occhi brillanti di eccitazione.

Mentre si avvicinavano all'isola, la ciurma diventava nervosa, ma la determinazione del Capitano Denteaguzzo non vacillava mai. Con la sua fidata mappa in mano, guidò il cammino attraverso giungle fitte e scogliere pericolose, affrontando innumerevoli ostacoli lungo il percorso.

Ma proprio quando pensavano di essere vicini al tesoro, il disastro colpì. Una tempesta furiosa si abbatté sull'isola, minacciando di distruggere la loro nave. Con lampi che illuminavano e onde che si infrangevano intorno a loro, il Capitano Denteaguzzo e la sua ciurma combatterono coraggiosamente per mantenere la nave a galla.

Dopo quello che sembrava un'eternità, la tempesta finalmente passò, lasciando la ciurma spossata ma indomita. Determinati a continuare, ripresero la ricerca del tesoro, con lo spirito indomito dalle sfide affrontate.

E poi, finalmente, lo trovarono: il leggendario Tesoro Perduto di Tortuga, che brillava alla luce del sole come un faro di speranza. Con grida di trionfo, il Capitano Denteaguzzo e la sua ciurma raccolsero il tesoro e salparono verso casa, il cuore colmo di gioia e le tasche piene di ricchezze.

Ma mentre si allontanavano dall'isola, il Capitano Denteaguzzo non poté fare a meno di provare un pizzico di tristezza. Perché nel suo cuore sapeva che il vero tesoro era stato il viaggio stesso: le avventure condivise, le amicizie forgiate e i ricordi che sarebbero durati per sempre.

E così, mentre salpavano verso il tramonto, il Capitano Denteaguzzo giurò di continuare a cercare nuove avventure, sapendo che finché avesse avuto la sua fidata ciurma al suo fianco, ci sarebbe sempre stato un tesoro da trovare, ovunque li portassero i venti.

The Incredible Adventures of Sir Fluffington: A Tale of Courage and Carrots

In a cozy little burrow nestled deep within the heart of Bunnyshire Woods, there lived a remarkable rabbit named Sir Fluffington. Now, Sir Fluffington wasn't your ordinary rabbit; he had big dreams and an even bigger heart, not to mention the fluffiest fur you'd ever laid eyes on.

One sunny morning, as Sir Fluffington hopped through the meadow, he stumbled upon a rather peculiar sight—a group of bunnies gathered around a sign that read, "Carrot Castle: Home of the Legendary Carrot King." Intrigued by the promise of adventure, Sir Fluffington decided to investigate.

With a determined gleam in his eye and a bounce in his step, Sir Fluffington set off on his quest to find Carrot Castle and meet the legendary Carrot King. Along the way, he encountered all sorts of obstacles—a mischievous magpie who tried to steal his carrots, a prickly hedgehog who refused to let him pass, and even a grumpy old tortoise who insisted on racing him for no apparent reason.

But Sir Fluffington was not one to be deterred by such trivial matters. With his quick wit and boundless optimism, he outsmarted the magpie, convinced the hedgehog to share his secret shortcut, and challenged the tortoise to a race, knowing full well that slow and steady wins the race.

Finally, after many twists and turns, Sir Fluffington arrived at Carrot Castle, a magnificent fortress made entirely of carrots. As he approached the castle gates, he was greeted by the Carrot King himself—a regal rabbit with a crown of carrots atop his head.

"Welcome, brave traveler," boomed the Carrot King, his voice as sweet as honey. "I have been expecting you."

Sir Fluffington couldn't believe his ears. Was it possible that the Carrot King had been waiting for him all along?

"You see, Sir Fluffington," continued the Carrot King, "I am in need of a hero to help me save Carrot Castle from a terrible fate. The Evil Weasel has stolen the magical carrot that keeps the castle standing, and without it, the entire kingdom is in jeopardy."

Sir Fluffington's heart swelled with courage. He may have been just a humble rabbit from Bunnyshire Woods, but he knew that he was destined for greatness.

"I will do whatever it takes to save Carrot Castle and restore peace to the kingdom," declared Sir Fluffington, puffing out his chest with pride.

With the Carrot King by his side, Sir Fluffington set off to confront the Evil Weasel and retrieve the magical carrot. Along the way, they encountered all manner of challenges—a treacherous ravine filled with thorns, a labyrinthine maze guarded by a fearsome dragon, and a towering mountain made entirely of cheese.

But Sir Fluffington was undaunted. With the Carrot King's guidance and a little bit of luck, they overcame each obstacle with ease, until finally, they reached the lair of the Evil Weasel.

The Evil Weasel sneered as Sir Fluffington and the Carrot King approached, his eyes gleaming with malice. "So, the little rabbit has come to challenge me," he hissed. "You may have made it this far, but you will never defeat me."

But Sir Fluffington was not afraid. With a mighty leap, he pounced upon the Evil Weasel, wrestling the magical carrot from his grasp and sending him tumbling into a pit of carrots below.

As the sun set on Carrot Castle, Sir Fluffington stood triumphantly atop the parapets, the Carrot King at his side. The kingdom was saved, the evil vanquished, and Sir Fluffington hailed as a hero throughout the land.

And so, as the stars twinkled overhead and the moon cast its gentle glow upon Bunnyshire Woods, Sir Fluffington and the Carrot King celebrated their victory with a feast fit for royalty, knowing that as long as they had each other, there was no adventure too great, no challenge too daunting, and no carrot too delicious.

Le Incredibili Avventure di Sir Fluffington: Una Storia di Coraggio e Carote

In una tana accogliente nascosta nel cuore della Foresta di Bunnyshire, viveva un coniglio straordinario di nome Sir Fluffington. Sir Fluffington non era un coniglio comune: aveva grandi sogni e un cuore ancora più grande, senza dimenticare il pelo più soffice che si potesse immaginare.

Una mattina soleggiata, mentre Sir Fluffington saltellava attraverso il prato, si imbatté in una scena piuttosto strana: un gruppo di conigli radunati intorno a un cartello che diceva "Castello delle Carote: Casa del Leggendario Re delle Carote". Intrigato dalla promessa di avventura, Sir Fluffington decise di investigare.

Con uno sguardo determinato e un balzo sicuro, Sir Fluffington si mise in viaggio per trovare il Castello delle Carote e incontrare il leggendario Re delle Carote. Lungo il cammino, incontrò ogni sorta di ostacoli: una gazza birichina che cercava di rubargli le carote, un riccio spinoso che si rifiutava di lasciarlo passare e persino una vecchia tartaruga brontolona che insisteva nel gareggiare con lui per nessun motivo apparente.

Ma Sir Fluffington non era uno che si lasciasse scoraggiare da queste sciocchezze. Con il suo ingegno rapido e il suo ottimismo senza limiti, mise in difficoltà la gazza, convinse il riccio a condividere il suo percorso segreto e sfidò la tartaruga a una corsa, sapendo bene che la costanza vince la gara.

Finalmente, dopo molti giri e rigiri, Sir Fluffington arrivò al Castello delle Carote, una magnifica fortezza interamente fatta di carote. Mentre si avvicinava alle porte del castello, fu accolto dal Re delle Carote in persona, un coniglio regale con una corona di carote sulla testa.

"Benvenuto, coraggioso viaggiatore," tuonò il Re delle Carote, la sua voce dolce come il miele. "Ti stavo aspettando."

Sir Fluffington non poteva credere alle sue orecchie. Era possibile che il Re delle Carote lo stesse aspettando da sempre?

"Vedi, Sir Fluffington," continuò il Re delle Carote, "ho bisogno di un eroe che mi aiuti a salvare il Castello delle Carote da un terribile destino. La Malvagia Donnola ha rubato la carota magica che tiene in piedi il castello, e senza di essa, l'intero regno è in pericolo."

Il cuore di Sir Fluffington si gonfiò di coraggio. Potrebbe essere solo un umile coniglio della Foresta di Bunnyshire, ma sapeva di essere destinato alla grandezza.

"Faro tutto il possibile per salvare il Castello delle Carote e ripristinare la pace nel regno," dichiarò Sir Fluffington, gonfiando il petto con orgoglio.

Con il Re delle Carote al suo fianco, Sir Fluffington si mise in viaggio per affrontare la Malvagia Donnola e recuperare la carota magica. Lungo il cammino, affrontarono ogni sorta di sfide: un burrone pericoloso pieno di spine, un labirinto intricato custodito da un dragone temibile e una montagna alta fatta interamente di formaggio.

Ma Sir Fluffington non si lasciò intimidire. Con la guida del Re delle Carote e un po' di fortuna, superarono ogni ostacolo con facilità, fino a quando finalmente arrivarono al covo della Malvagia Donnola.

La Malvagia Donnola ringhiò quando Sir Fluffington e il Re delle Carote si avvicinarono, i suoi occhi luccicavano di malizia. "Così, il piccolo coniglio è venuto a sfidarmi," sibilò. "Potresti essere arrivato fin qui, ma non mi sconfiggerai mai."

Ma Sir Fluffington non era spaventato. Con un balzo potente, si scagliò sulla Malvagia Donnola, strappandole la carota magica di mano e facendola precipitare in un fosso di carote sottostante.

Mentre il sole tramontava sul Castello delle Carote, Sir Fluffington si erse trionfante sulle merlature, con il Re delle Carote al suo fianco. Il regno era salvato, il male sconfitto, e Sir Fluffington acclamato come un eroe in tutto il regno.

E così, mentre le stelle brillavano sopra e la luna riversava il suo bagliore gentile sulla Foresta di Bunnyshire, Sir Fluffington e il Re delle Carote festeggiarono la loro vittoria con un banchetto degno di re e regine, sapendo che finché fossero stati insieme, non c'era avventura troppo grande, sfida troppo difficile o carota troppo deliziosa.

The Misadventures of Matilda the Bumbling Witch: A Tale of Magic and Mayhem

In the quaint village of Willowshire, nestled between rolling hills and babbling brooks, there lived a witch named Matilda. Now, Matilda wasn't your typical witch; she didn't have the grace of a swan or the precision of a watchmaker. No, Matilda was, to put it kindly, a bit clumsy.

From the moment she woke up in the morning to the time she went to bed at night, Matilda's life was a series of mishaps and misadventures. Whether it was accidentally turning her cat into a cactus or tripping over her own broomstick, there was never a dull moment when Matilda was around.

Despite her best efforts to be a proper witch, Matilda's spells always seemed to go awry. Instead of conjuring up elegant potions or casting powerful enchantments, she ended up with bubbling cauldrons that exploded in her face and spells that turned her hair green instead of granting wishes.

But despite her clumsiness, Matilda had a heart of gold and a determination to prove herself as a capable witch. So, when the annual Willowshire Witching Contest was announced, she knew she had to enter.

The contest was a chance for the witches of Willowshire to showcase their magical talents and compete for the coveted title of "Top Witch." There were challenges for potion-making, broomstick riding, and spellcasting, and Matilda was determined to give it her all.

As the day of the contest arrived, Matilda nervously gathered her ingredients and practiced her spells one last time. But no matter how hard she tried, she couldn't seem to get anything right. Her potions exploded, her broomstick flew off in the wrong direction, and her spells fizzled out into thin air.

As the other witches glided gracefully through the challenges, Matilda's heart sank lower and lower. She knew she didn't stand a chance of winning, and she felt more clumsy and out of place than ever before.

But then, just as she was about to give up hope, something unexpected happened. In the final challenge, a powerful storm swept through Willowshire, threatening to ruin the contest and put an end to the witches' dreams of victory.

Without a moment's hesitation, Matilda sprang into action. Drawing upon all her magical knowledge and her newfound confidence, she cast a spell to calm the storm and protect the village from harm.

At first, it seemed like her spell had failed yet again, but then, slowly but surely, the storm began to subside. The winds died down, the clouds parted, and the sun emerged from behind the clouds, casting a warm glow over the village.

The other witches looked on in amazement as Matilda's spell worked its magic, saving the day and ensuring that the Willowshire Witching Contest could continue.

In the end, Matilda may not have won the title of "Top Witch," but she had won something far more important—the respect and admiration of her fellow witches. They saw now that being a witch wasn't just about being perfect or casting the most powerful spells; it was about using magic to help others and make the world a better place.

And so, as the sun set on Willowshire and the stars twinkled overhead, Matilda smiled to herself, knowing that even though she may be a bit clumsy at times, she was still a witch to be reckoned with.

Le Disavventure di Matilda la Strega Impacciata: Una Storia di Magia e Disastri

Nel pittoresco villaggio di Willowshire, incastonato tra colline ondulate e ruscelli gorgoglianti, viveva una strega di nome Matilda. Ora, Matilda non era una strega comune; non aveva la grazia di un cigno o la precisione di un orologiaio. No, Matilda era, per dirla gentilmente, un po' impacciata.

Dal momento in cui si svegliava al mattino al momento in cui andava a letto la sera, la vita di Matilda era una serie di incidenti e disavventure. Che si trattasse di trasformare accidentalmente il suo gatto in un cactus o di inciampare nel suo stesso manico di scopa, non c'era mai un momento noioso quando Matilda era in giro.

Nonostante i suoi migliori sforzi per essere una strega adeguata, gli incantesimi di Matilda sembravano sempre andare storti. Invece di evocare pozioni eleganti o lanciare incantesimi potenti, finiva con caldaie che esplodevano in faccia e incantesimi che le facevano diventare i capelli verdi invece di esaudire desideri.

Ma nonostante la sua goffaggine, Matilda aveva un cuore d'oro e la determinazione di dimostrare di essere una strega capace. Quindi, quando fu annunciato il concorso annuale di Willowshire per le streghe, sapeva di dover partecipare.

Il concorso era un'occasione per le streghe di Willowshire di mostrare i loro talenti magici e competere per il titolo ambito di "Strega Migliore". C'erano sfide per la creazione di pozioni, la guida di scopa e il lancio di incantesimi, e Matilda era determinata a dare il meglio di sé.

Mentre il giorno del concorso si avvicinava, Matilda raccoglieva nervosamente i suoi ingredienti e praticava i suoi incantesimi un'ultima volta. Ma non importava quanto si sforzasse, sembrava non riuscire a fare nulla nel modo giusto. Le sue pozioni esplodevano, la sua scopa volava nella direzione sbagliata e i suoi incantesimi svanivano nell'aria.

Mentre le altre streghe planavano graziosamente attraverso le sfide, il cuore di Matilda affondava sempre più in basso. Sapeva di non avere alcuna possibilità di vincere, e si sentiva più impacciata e fuori luogo che mai.

Ma poi, proprio quando stava per perdere ogni speranza, successe qualcosa di inaspettato. Nell'ultima sfida, una tempesta potente si abbatté su Willowshire, minacciando di rovinare il concorso e mettere fine ai sogni di vittoria delle streghe.

Senza esitazione, Matilda si mise in azione. Attingendo a tutta la sua conoscenza magica e alla sua nuova fiducia, lanciò un incantesimo per placare la tempesta e proteggere il villaggio dal pericolo.

All'inizio, sembrava che il suo incantesimo fosse fallito ancora una volta, ma poi, lentamente ma sicuramente, la tempesta iniziò a placarsi. I venti si calmarono, le nuvole si aprirono e il sole emerse da dietro le nuvole, proiettando un caldo bagliore sul villaggio.

Le altre streghe guardavano con stupore mentre l'incantesimo di Matilda faceva il suo effetto, salvando la giornata e assicurando che il concorso delle streghe di Willowshire potesse continuare.

Alla fine, Matilda potrebbe non aver vinto il titolo di "Strega Migliore", ma aveva vinto qualcosa di molto più importante: il rispetto e l'ammirazione delle sue compagne streghe. Ora vedevano che essere una strega non significava solo essere perfetti o lanciare gli incantesimi più potenti; significava usare la magia per aiutare gli altri e rendere il mondo un posto migliore.

E così, mentre il sole tramontava su Willowshire e le stelle scintillavano sopra, Matilda sorrise a se stessa, sapendo che anche se poteva essere un po' impacciata a volte, era comunque una strega da non sottovalutare.

The Whimsical Adventures of Willy the Baker

In the bustling town of Sugarville, where the scent of freshly baked treats filled the air and the streets were lined with candy-colored houses, there lived a baker named Willy. Now, Willy wasn't your ordinary baker; he didn't just bake bread and cakes—he created edible masterpieces that delighted the taste buds and dazzled the eyes.

From towering chocolate cakes adorned with spun sugar dragons to delicate pastries filled with creamy custard and fresh berries, Willy's bakery was a wonderland of sweets and delights. But what truly set Willy apart from other bakers was his boundless imagination and his flair for the fantastical.

Every morning, as the sun rose over Sugarville, Willy could be found in his bakery, surrounded by flour and sugar and sprinkles of every color imaginable. With a twinkle in his eye and a sprinkle of magic in his fingertips, he set to work creating his latest culinary creations, each more whimsical and wonderful than the last.

But Willy's talents didn't stop at baking; he was also a master storyteller, weaving tales of adventure and enchantment to entertain his customers as they savored his delectable treats. Whether it was a tale of a brave knight rescuing a princess from a dragon or a magical journey to a faraway land filled with talking animals and flying carpets, Willy's stories captured the imaginations of young and old alike.

But Willy's greatest adventure began one rainy afternoon when a mysterious stranger entered his bakery—a young girl with eyes as bright as the sun and a smile that lit up the room. Her name was Lily, and she had traveled far and wide in search of the legendary Golden Loaf, a magical bread said to grant whoever ate it their greatest wish.

Intrigued by Lily's quest, Willy offered to help her find the Golden Loaf, and together they set off on a journey across Sugarville and beyond, following clues and unraveling mysteries along the way.

Their journey took them through enchanted forests filled with talking trees and mischievous fairies, across sparkling rivers teeming with colorful fish, and up towering mountains where the air was as crisp and fresh as the morning dew.

But just as they were nearing their destination, disaster struck. A band of mischievous imps appeared out of nowhere and stole Lily's map, leaving them stranded in the middle of nowhere with no way to find the Golden Loaf.

But Willy wasn't about to give up. Drawing upon all his baking skills and his boundless creativity, he whipped up a batch of his famous sugar cookies and set them out as a trap for the imps.

Sure enough, the imps couldn't resist the temptation of Willy's delicious cookies, and as they gobbled them up greedily, Lily managed to snatch back her map and make her escape.

With the imps hot on their heels, Willy and Lily raced through the forest, ducking and dodging branches and brambles until they finally reached the entrance to the cave where the Golden Loaf was said to be hidden.

But just as they were about to enter, the ground beneath them began to shake, and a monstrous troll emerged from the shadows, blocking their path.

With a mighty roar, the troll demanded that they turn back and leave the Golden Loaf for him to claim. But Willy stood his ground, his heart filled with determination and his hands filled with dough.

Summoning all his baking prowess, Willy crafted a loaf of bread so delicious, so irresistible, that even the troll couldn't resist its charms. As he took a bite, his eyes widened in amazement, and a look of pure joy spread across his face.

Moved by Willy's kindness and ingenuity, the troll stepped aside and allowed them to enter the cave, where they found the Golden Loaf shimmering in the dim light like a treasure beyond compare.

With tears of joy in her eyes, Lily took a bite of the Golden Loaf and made her wish—to bring happiness and prosperity to Sugarville and all who lived there.

And as the first rays of dawn broke over the horizon, bathing the land in a warm golden glow, Willy and Lily emerged from the cave, their hearts full of hope and their bellies full of bread, ready to face whatever adventures lay ahead.

Le Avventure Fantasiose di Willy il Fornaio

Nella vivace città di Sugarville, dove il profumo di dolci appena sfornati riempiva l'aria e le strade erano fiancheggiate da case dai colori delle caramelle, viveva un fornaio di nome Willy. Ora, Willy non era un semplice fornaio; non faceva solo il pane e le torte - creava capolavori commestibili che deliziavano il palato e stupivano gli occhi.

Dai tortini di cioccolato altissimi decorati con draghi di zucchero filato a pasticcini delicati riempiti di crema pasticcera e frutti di bosco freschi, la panetteria di Willy era un paradiso di dolci e delizie. Ma ciò che davvero distingueva Willy dagli altri fornai era la sua immaginazione senza limiti e il suo gusto per il fantastico.

Ogni mattina, mentre il sole sorgeva su Sugarville, Willy poteva essere trovato nella sua panetteria, circondato da farina e zucchero e confetti di ogni colore immaginabile. Con uno scintillio negli occhi e un pizzico di magia sulle dita, si metteva al lavoro creando le sue ultime creazioni culinarie, ognuna più fantasiosa e meravigliosa dell'altra.

Ma i talenti di Willy non si fermavano alla panificazione; era anche un maestro narratore di storie, intrecciando racconti di avventura e incanto per intrattenere i suoi clienti mentre assaporavano le sue delizie commestibili. Che si trattasse di una storia di un coraggioso cavaliere che salvava una principessa da un drago o di un viaggio magico in una terra lontana piena di animali parlanti e tappeti volanti, le storie di Willy catturavano l'immaginazione dei giovani e dei vecchi.

Ma la più grande avventura di Willy iniziò un pomeriggio piovoso quando un misterioso straniero entrò nella sua panetteria - una giovane ragazza con gli occhi luminosi come il sole e un sorriso che illuminava la stanza. Si chiamava Lily e aveva viaggiato in lungo e in largo alla ricerca del leggendario Pane d'Oro, un pane magico che si diceva esaudisse il desiderio di chi lo mangiava.

Intrigato dalla ricerca di Lily, Willy si offrì di aiutarla a trovare il Pane d'Oro, e insieme si misero in cammino attraverso Sugarville e oltre, seguendo indizi e svelando misteri lungo il percorso.

Il loro viaggio li portò attraverso foreste incantate piene di alberi parlanti e fatine birichine, attraverso fiumi scintillanti brulicanti di pesci colorati, e su montagne alte dove l'aria era fresca e cristallina come la rugiada del mattino.

Ma proprio quando stavano avvicinandosi alla loro destinazione, il disastro colpì. Un gruppo di imps birichini apparve dal nulla e rubò la mappa di Lily, lasciandoli bloccati in mezzo al nulla senza possibilità di trovare il Pane d'Oro.

Ma Willy non stava per arrendersi. Sfruttando tutte le sue abilità di panificazione e la sua creatività senza limiti, preparò un lotto dei suoi famosi biscotti al burro e li pose come trappola per gli imps.

E infatti, gli imps non poterono resistere alla tentazione dei deliziosi biscotti di Willy e mentre li divoravano avidamente, Lily riuscì a strappare indietro la sua mappa e a fuggire.

Con gli imps alle calcagna, Willy e Lily corsero attraverso la foresta, schivando rami e rovi finché finalmente raggiunsero l'ingresso della grotta dove si diceva fosse nascosto il Pane d'Oro.

Ma proprio mentre stavano per entrare, il terreno sotto di loro cominciò a tremare, e un troll mostruoso emerse dall'ombra, bloccando il loro cammino.

Con un potente ruggito, il troll ordinò loro di tornare indietro e lasciare il Pane d'Oro per lui. Ma Willy rimase fermo, il cuore pieno di determinazione e le mani piene di impasto.

Richiamando tutta la sua bravura in panificazione, Willy preparò un pane così delizioso, così irresistibile, che nemmeno il troll poté resistere al suo fascino. Mentre ne prendeva un morso, i suoi occhi si spalancarono di stupore, e un'espressione di pura gioia si diffuse sul suo volto.

Mossi dalla gentilezza e dall'ingegno di Willy, il troll si schierò da parte e permise loro di entrare nella grotta, dove trovarono il Pane d'Oro che scintillava nella luce fioca come un tesoro senza pari.

Con lacrime di gioia agli occhi, Lily prese un morso del Pane d'Oro e esaudì il suo desiderio: portare felicità e prosperità a Sugarville e a tutti coloro che vi abitavano.

E mentre i primi raggi dell'alba spuntavano all'orizzonte, bagnando la terra in una calda luce dorata, Willy e Lily emersero dalla grotta, i loro cuori pieni di speranza e i loro stomaci pieni di pane, pronti ad affrontare qualsiasi avventura si presentasse.

The Seaside Shenanigans of Sammy the Seagull

In the picturesque coastal town of Seabreeze Bay, where the salty breeze danced through the air and the sound of crashing waves serenaded the shore, there lived a seagull named Sammy. Now, Sammy wasn't your ordinary seagull; he was a bird of adventure, always seeking excitement and thrills along the sandy coastline.

From the moment he hatched from his egg atop the craggy cliffs overlooking Seabreeze Bay, Sammy knew he was destined for greatness. With his wings spread wide and his eyes shining bright, he took to the skies to explore every nook and cranny of his seaside home.

But Sammy wasn't content to simply soar through the clouds and dive into the sparkling waves; oh no, he had bigger dreams and bolder aspirations. He dreamed of flying higher than any seagull had ever flown before, of discovering hidden treasures buried beneath the sands, and of befriending creatures from the deepest depths of the ocean to the highest peaks of the sky.

And so, with a squawk of determination and a flap of his wings, Sammy set off on his first grand adventure—a quest to find the legendary Lost Pearl of Seabreeze Bay, a shimmering jewel said to grant whoever possessed it their heart's desire.

As he flew over the bustling harbor and the bustling boardwalks of Seabreeze Bay, Sammy kept his eyes peeled for any sign of the Lost Pearl. He searched high and low, from the rocky cliffs to the sandy shores, but try as he might, the pearl remained elusive.

Just as Sammy was beginning to lose hope, he spotted a group of dolphins playing in the waves below. With a joyful cry, he swooped down to join them, hoping they might know something about the Lost Pearl.

The dolphins greeted Sammy with a chorus of clicks and whistles, delighted by his unexpected visit. They told him stories of the ocean's depths and the secrets it held, of sunken ships and hidden treasures waiting to be discovered.

Inspired by their tales, Sammy thanked the dolphins for their wisdom and set off once more, his spirits lifted and his wings filled with renewed determination. With the help of his new friends, he dove beneath the waves, exploring the coral reefs and underwater caves in search of the Lost Pearl.

But just as he was about to give up hope, Sammy spotted a glimmer of light shining from the depths below. With a burst of excitement, he dove down to investigate, and there, nestled among the shimmering sands, he found it—the Lost Pearl of Seabreeze Bay, sparkling like a star in the darkness.

With a triumphant cry, Sammy plucked the pearl from its resting place and took to the skies once more, his heart singing with joy. For he knew that with the Lost Pearl in his possession, there was nothing he couldn't accomplish, no dream too big or adventure too daring.

As he soared through the clouds, Sammy made a solemn vow to use the power of the Lost Pearl to bring happiness and laughter to all who called Seabreeze Bay home. And with that promise in his heart, he flew back to the cliffs overlooking the town, ready to begin his next great adventure.

Le Disavventure Marine di Sammy il Gabbiano

Nella pittoresca città costiera di Baia Brezza, dove la brezza salmastra danzava nell'aria e il suono delle onde che si infrangevano addolciva la riva, viveva un gabbiano di nome Sammy. Ora, Sammy non era un gabbiano comune; era un uccello d'avventura, sempre alla ricerca di emozioni e brividi lungo la costa sabbiosa.

Dal momento in cui uscì dal suo uovo in cima alle scogliere scoscese che si affacciavano su Baia Brezza, Sammy sapeva di essere destinato alla grandezza. Con le ali spiegate larghe e gli occhi che brillavano, si mise in volo per esplorare ogni angolo e buco della sua casa marina.

Ma Sammy non si accontentava di semplicemente librarsi tra le nuvole e tuffarsi nelle onde scintillanti; oh no, aveva sogni più grandi e aspirazioni più audaci. Sognava di volare più in alto di ogni altro gabbiano sia volato prima di lui, di scoprire tesori nascosti sepolti sotto le sabbie e di fare amicizia con creature dalle profondità più oscure dell'oceano fino alle vette più alte del cielo.

E così, con un grido di determinazione e un battito d'ali, Sammy partì per la sua prima grande avventura: una ricerca per trovare la leggendaria Perla Perduta di Baia Brezza, una gemma lucente che si diceva concedesse a chiunque la possedesse il desiderio del cuore.

Mentre volava sopra il vivace porto e i movimentati lungomare di Baia Brezza, Sammy teneva gli occhi ben aperti per ogni segno della Perla Perduta. Cercò dappertutto, dalle scogliere rocciose alle sabbie delle spiagge, ma per quanto si sforzasse, la perla rimaneva sfuggente.

Proprio quando Sammy stava per perdere ogni speranza, vide un gruppo di delfini che giocavano tra le onde sotto di lui. Con un grido di gioia, scese in picchiata per unirsi a loro, sperando che potessero sapere qualcosa sulla Perla Perduta.

I delfini accolsero Sammy con un coro di clic e fischi, deliziati dalla sua visita inaspettata. Gli raccontarono storie delle profondità dell'oceano e dei segreti che custodiva, di navi affondate e tesori nascosti in attesa di essere scoperti.

Ispirato dalle loro storie, Sammy ringraziò i delfini per la loro saggezza e si mise di nuovo in viaggio, il suo spirito sollevato e le ali piene di determinazione rinnovata. Con l'aiuto dei suoi nuovi amici, si tuffò sotto le onde, esplorando le barriere coralline e le grotte sottomarine alla ricerca della Perla Perduta.

Ma proprio quando stava per perdere ogni speranza, Sammy vide un bagliore di luce che brillava dal basso. Con un scoppio di eccitazione, scese a investigare e lì, tra le sabbie scintillanti, la trovò: la Perla Perduta di Baia Brezza, che scintillava come una stella nell'oscurità.

Con un grido trionfante, Sammy afferrò la perla dal suo posto di riposo e tornò in cielo, il suo cuore cantava di gioia. Perché sapeva che con la Perla Perduta in suo possesso, non c'era nulla che non potesse realizzare, nessun sogno troppo grande o avventura troppo audace.

Mentre volava tra le nuvole, Sammy fece un solenne voto di usare il potere della Perla Perduta per portare felicità e risate a tutti coloro che chiamavano Baia Brezza casa. E con quella promessa nel cuore, tornò alle scogliere che si affacciavano sulla città, pronto per iniziare la sua prossima grande avventura.

A Splash of Magic in the Sea

In the sparkling depths of the ocean, where the sunlight filtered through the waves and the coral reefs swayed gently in the currents, there lived a mermaid named Marina. Now, Marina wasn't your ordinary mermaid; she didn't spend her days lounging on rocks and combing her hair with a fork—she was a mermaid of adventure, always eager to explore the wonders of the sea.

From the moment she learned to swim, Marina knew she was destined for great things. With her shimmering scales and her flowing locks of seaweed-green hair, she glided through the ocean like a graceful dancer, her heart filled with curiosity and her mind brimming with dreams of discovery.

But Marina's thirst for adventure often led her into trouble. Whether she was chasing after elusive sea creatures or exploring mysterious shipwrecks, she had a knack for finding herself in the most precarious of situations.

One day, while exploring the depths of a hidden cave, Marina stumbled upon a treasure chest filled with glittering jewels and sparkling gems. With a gasp of delight, she reached out to open it, but before she could lay a finger on the treasure, a fierce storm swept through the ocean, sending her tumbling head over tail in the churning waves.

As Marina struggled to stay afloat amidst the crashing surf, she felt a pair of strong arms wrap around her, pulling her to safety. When she opened her eyes, she found herself face to face with a handsome young sailor named Leo, his eyes as blue as the deepest sea and his smile as warm as the sun.

Leo had been sailing the ocean in search of adventure when he spotted Marina in distress, and without a second thought, he had leaped into the water to rescue her. Grateful for his bravery, Marina thanked Leo and offered to show him the wonders of the underwater world in return.

Together, Marina and Leo swam through coral reefs teeming with colorful fish, explored hidden caves filled with glowing sea creatures, and danced beneath the moonlight as the waves crashed against the shore. With each passing day, their friendship grew stronger, until they were inseparable, bound together by a love for adventure and a thirst for discovery.

But their idyllic days beneath the sea were soon threatened when a shadowy figure appeared on the horizon—a fearsome sea witch known as Morgana, who had long coveted the treasures of the ocean and would stop at nothing to claim them for herself.

Determined to protect her home and her friends, Marina knew she had to confront Morgana and put an end to her wicked schemes once and for all. With Leo by her side, she set out to find the sea witch's lair, braving treacherous currents and fierce sea monsters along the way.

When they finally reached Morgana's underwater palace, they found her surrounded by her minions, a sinister smile playing across her lips as she gazed upon the treasures she had stolen from the sea.

But Marina refused to back down. With a flick of her tail and a flash of her scales, she confronted Morgana, challenging her to a duel to determine the fate of the ocean once and for all.

Morgana laughed at Marina's bravado, confident in her own power to defeat the young mermaid. But as the duel raged on, Marina tapped into a hidden reservoir of strength and courage, channeling the magic of the ocean itself to vanquish Morgana and send her fleeing into the depths.

With Morgana defeated and the treasures of the ocean returned to their rightful place, Marina and Leo celebrated their victory with a joyous dance beneath the waves, their hearts filled with gratitude and their spirits soaring high.

And as the sun set on the horizon, casting a golden glow across the ocean, Marina knew that no matter what adventures lay ahead, she would always have Leo by her side, ready to dive into the unknown and explore the wonders of the sea together.

Un Scintillio di Magia nel Mare

Nel luccicante fondo dell'oceano, dove la luce del sole filtrava attraverso le onde e le barriere coralline ondeggiavano dolcemente nelle correnti, viveva una sirena di nome Marina. Ora, Marina non era una sirena comune; non trascorreva le sue giornate sdraiata su rocce e pettinando i capelli con una forchetta - era una sirena d'avventura, sempre desiderosa di esplorare le meraviglie del mare.

Fin dal momento in cui imparò a nuotare, Marina sapeva di essere destinata a grandi cose. Con le sue scaglie scintillanti e i suoi ciuffi di capelli verdi come alghe che fluivano, si librava attraverso l'oceano come una danzatrice graziosa, il cuore pieno di curiosità e la mente traboccante di sogni di scoperta.

Ma la sete di avventura di Marina spesso la portava in guai. Che stesse inseguendo creature marine elusive o esplorando misteriosi relitti di navi, aveva un talento per ritrovarsi nelle situazioni più precarie.

Un giorno, mentre esplorava le profondità di una grotta nascosta, Marina imbatté in un baule del tesoro pieno di gioielli scintillanti e gemme lucenti. Con un sospiro di gioia, tendeva la mano per aprirlo, ma prima che potesse toccare il tesoro, una tempesta feroce si abbatté sull'oceano, mandandola capovolta tra le onde in tumulto.

Mentre Marina lottava per restare a galla tra le onde che si infrangevano, sentì un paio di braccia forti avvolgerla, tirandola in salvo. Quando aprì gli occhi, si trovò faccia a faccia con un giovane e bel marinaio di nome Leo, i suoi occhi blu come il mare più profondo e il suo sorriso caldo come il sole.

Leo stava navigando per l'oceano in cerca di avventura quando vide Marina in difficoltà e senza esitazione, si tuffò in acqua per salvarla. Grata per la sua bravura, Marina ringraziò Leo e gli offrì di mostrargli le meraviglie del mondo sottomarino in cambio.

Insieme, Marina e Leo nuotarono tra le barriere coralline brulicanti di pesci colorati, esplorarono grotte nascoste piene di creature marine luminescenti e danzarono sotto la luce della luna mentre le onde si infrangevano sulla riva. Con ogni giorno che passava, la loro amicizia diventava più forte, fino a diventare inseparabili, legati ins

di un amore per l'avventura e una sete di scoperta.

Ma i loro giorni idilliaci sotto il mare furono presto minacciati quando una figura oscura apparve all'orizzonte - una temibile strega del mare nota come Morgana, che da tempo bramava i tesori dell'oceano e non si sarebbe fermata davanti a nulla pur di ottenerli per sé.

Decisa a proteggere la sua casa e i suoi amici, Marina sapeva di dover affrontare Morgana e porre fine ai suoi malvagi piani una volta per tutte. Con Leo al suo fianco, si mise in viaggio per trovare il covo della strega del mare, affrontando correnti traditrici e feroci mostri marini lungo il cammino.

Quando finalmente raggiunsero il palazzo sottomarino di Morgana, la trovarono circondata dai suoi sgherri, un sorriso sinistro sulle labbra mentre contemplava i tesori che aveva rubato dal mare.

Ma Marina rifiutò di arrendersi. Con un battito di coda e una scintilla delle sue scaglie, affrontò Morgana, sfidandola a un duello per determinare il destino dell'oceano una volta per tutte.

Morgana rise del coraggio di Marina, sicura del proprio potere di sconfiggere la giovane sirena. Ma mentre il duello infuria, Marina attinge a una riserva nascosta di forza e coraggio, canalizzando la magia dell'oceano stesso per sconfiggere Morgana e mandarla in fuga nelle profondità.

Con Morgana sconfitta e i tesori dell'oceano restituiti al loro posto legittimo, Marina e Leo festeggiarono la loro vittoria con una danza gioiosa sotto le onde, i loro cuori pieni di gratitudine e i loro spiriti alati.

E mentre il sole tramontava all'orizzonte, gettando un bagliore dorato sull'oceano, Marina sapeva che non importa quali avventure la aspettassero, avrebbe sempre avuto Leo al suo fianco, pronto a tuffarsi nell'ignoto ed esplorare insieme le meraviglie del mare.

Benny the Bear

In the heart of the enchanted forest, where the trees whispered secrets and the streams bubbled with laughter, there lived a bear named Benny. Now, Benny wasn't your typical bear; he wasn't grumpy or fierce—he was a bear of boundless curiosity and endless charm, always ready for an adventure.

With his soft fur the color of caramel and his big, round eyes sparkling with mischief, Benny roamed the forest in search of excitement and fun. From chasing butterflies through sun-dappled meadows to splashing in cool mountain streams, there was never a dull moment when Benny was around.

But despite his love for adventure, Benny often found himself feeling lonely. You see, while he had plenty of animal friends in the forest, he longed for a companion who shared his love for exploration and discovery.

One day, as Benny was wandering through the woods, he stumbled upon a strange sight—a shiny silver spaceship nestled among the trees, its hatch wide open and inviting. Curious, Benny approached cautiously, his heart pounding with excitement.

As he peered inside the spaceship, he saw a creature unlike anything he had ever seen before—a tiny green alien with big, bulging eyes and antennae twitching with nervous energy. The alien introduced himself as Zippy and explained that he had crash-landed on Earth while on a mission to explore the cosmos.

Instantly intrigued by Zippy's tales of distant planets and far-off galaxies, Benny offered to help him repair his spaceship so he could continue his journey through the stars. Together, they scoured the forest for the materials they needed, fashioning makeshift tools out of sticks and stones and using Benny's strength to lift heavy objects into place.

As they worked side by side, Benny and Zippy formed a bond unlike any other, their friendship growing stronger with each passing day. They laughed and joked as they tinkered with the spaceship, swapping stories of their adventures and dreams for the future.

But just as they were putting the finishing touches on the repairs, a group of mischievous squirrels stumbled upon the spaceship and decided to play a prank on the unsuspecting bear and alien.

With a flurry of chittering and chattering, they snatched away the tools and scattered them throughout the forest, leaving Benny and Zippy stranded with no way to finish the repairs.

But Benny refused to give up. Drawing upon his resourcefulness and his determination, he rallied his animal friends to help him search for the missing tools, each one lending a hand in their own unique way.

With the help of his friends, Benny managed to track down the squirrels and retrieve the stolen tools, and together they raced back to the spaceship to finish the repairs before it was too late.

With a final wrench of the wrench and a twist of the screwdriver, the spaceship roared to life, its engines humming with power as it lifted off into the sky, leaving behind a trail of stardust in its wake.

As Benny waved goodbye to his newfound friend, a pang of sadness tugged at his heart. He would miss Zippy and their adventures together, but he knew that their friendship would last a lifetime, no matter how far apart they were.

And as he watched the spaceship disappear into the stars, Benny smiled to himself, knowing that wherever life took him, he would always have the memories of his time with Zippy to cherish forever.

Benny l'Orso

Nel cuore della foresta incantata, dove gli alberi sussurravano segreti e i ruscelli borbottavano con risate, viveva un orso di nome Benny. Ora, Benny non era un orso tipico; non era brontolone o feroce - era un orso di curiosità senza limiti e fascino senza fine, sempre pronto per un'avventura.

Con il suo morbido pelo del colore del caramello e i suoi grandi occhi rotondi che brillavano di malizia, Benny vagava per la foresta in cerca di emozioni e divertimento. Dal inseguire farfalle attraverso prati illuminati dal sole a schizzare in ruscelli di montagna freschi, non c'era mai un momento noioso quando Benny era in giro.

Ma nonostante il suo amore per l'avventura, Benny spesso si sentiva solo. Vedete, mentre aveva molti amici animali nella foresta, desiderava ardentemente un compagno che condividesse il suo amore per l'esplorazione e la scoperta.

Un giorno, mentre Benny vagava per i boschi, imbatté in una vista strana: una navicella spaziale lucente e argentea nascosta tra gli alberi, il portello spalancato e invitante. Curioso, Benny si avvicinò cautamente, il cuore che batteva di eccitazione.

Mentre guardava dentro la navicella spaziale, vide una creatura diversa da qualsiasi altra avesse mai visto: un minuscolo alieno verde con grandi occhi sporgenti e antenne che si agitavano con energia nervosa. L'alieno si presentò come Zippy e spiegò di essere atterrato sulla Terra durante una missione per esplorare il cosmo.

Subito incuriosito dai racconti di Zippy di pianeti lontani e galassie remote, Benny si offrì di aiutarlo a riparare la sua navicella spaziale in modo che potesse continuare il suo viaggio tra le stelle. Insieme, scoprirono la foresta alla ricerca dei materiali necessari, costruendo strumenti di fortuna con bastoni e pietre e usando la forza di Benny per sollevare oggetti pesanti.

Mentre lavoravano fianco a fianco, Benny e Zippy formarono un legame diverso da ogni altro, la loro amicizia diventava più forte con ogni giorno che passava. Ridevano e scherzavano mentre aggiustavano la navicella spaziale, scambiandosi storie delle loro avventure e sogni per il futuro.

Ma proprio mentre stavano mettendo gli ultimi ritocchi alle riparazioni, un gruppo di scoiattoli birichini imbatté nella navicella spaziale e decise di fare uno scherzo all'orso e all'alieno ignari.

Con un'infuriata di schiamazzi, gli scoiattoli strapparono via gli strumenti e li dispersero per la foresta, lasciando Benny e Zippy bloccati senza modo per terminare le riparazioni.

Ma Benny rifiutò di arrendersi. Utilizzando la sua ingegnosità e la sua determinazione, radunò i suoi amici animali per aiutarlo a cercare gli strumenti mancanti, ognuno dando una mano a modo suo.

Con l'aiuto dei suoi amici, Benny riuscì a rintracciare gli scoiattoli e a recuperare gli attrezzi rubati, e insieme corsero verso l'astronave per terminare le riparazioni prima che fosse troppo tardi.

Con un'ultima torsione della chiave e un'ultima regolazione del cacciavite, la navicella spaziale si accese, i suoi motori ronzavano di potenza mentre si sollevava nel cielo, lasciando dietro di sé una scia di polvere stellare.

Mentre Benny salutava il suo nuovo amico, un pizzico di tristezza gli strappò il cuore. Avrebbe sentito la mancanza di Zippy e delle loro avventure insieme, ma sapeva che la loro amicizia sarebbe durata per sempre, non importa quanto lontani fossero.

E mentre guardava la navicella spaziale scomparire tra le stelle, Benny sorrise tra sé, sapendo che ovunque la vita lo portasse, avrebbe sempre avuto i ricordi del suo tempo con Zippy da custodire per sempre.

Clara the Butterfly

In the lush meadows of Buttercup Valley, where the flowers bloomed in every color of the rainbow and the sun danced merrily in the sky, there lived a butterfly named Clara. Now, Clara wasn't your ordinary butterfly; she wasn't content to simply flutter from flower to flower—she was a butterfly of boundless curiosity and endless wonder, always seeking new adventures.

With her delicate wings the color of a summer sunset and her eyes shimmering with excitement, Clara soared through the air like a tiny jewel, her heart filled with dreams of exploration and discovery.

But Clara's insatiable curiosity often led her into trouble. Whether she was chasing after elusive nectar or exploring the deepest corners of the valley, she had a knack for finding herself in the most precarious of situations.

One day, while flitting through the meadow in search of the sweetest nectar, Clara stumbled upon a mysterious garden hidden deep within the valley. Intrigued by the tantalizing scent of exotic flowers and the promise of adventure, she ventured inside, her wings aflutter with excitement.

As she explored the garden, Clara was astonished by the wonders she found—giant blossoms that towered over her head, shimmering ponds filled with iridescent fish, and lush greenery as far as the eye could see. It was a paradise unlike anything she had ever seen before, and she knew she had to explore every inch of it.

But just as she was about to dive into a pool of fragrant lilies, Clara heard a soft voice calling out to her from the shadows. Startled, she turned to see a tiny creature emerging from the foliage—a caterpillar named Chester, his fur as soft as velvet and his eyes sparkling with mischief.

Chester explained that he had been living in the garden for as long as he could remember, feasting on the leaves and basking in the warmth of the sun. He regaled Clara with tales of his adventures and the wonders of the garden, from secret passageways hidden beneath the flowers to hidden treasures buried deep within the earth.

Intrigued by Chester's stories, Clara asked if she could join him on his adventures, and together they set off to explore every corner of the garden, their hearts filled with excitement and their minds brimming with curiosity.

From that day on, Clara and Chester became the best of friends, inseparable companions as they journeyed through the garden in search of excitement and thrills. They chased after rainbows and danced in the moonlight, their laughter echoing through the valley as they reveled in the joys of friendship and discovery.

But their idyllic days in the garden were soon threatened when a dark shadow fell over Buttercup Valley—a sinister figure known as the Garden Gnome, who had long coveted the beauty of the garden and would stop at nothing to claim it for himself.

Determined to protect their home and their friendship, Clara and Chester confronted the Garden Gnome, their hearts filled with courage and their wings aflutter with determination. With a flurry of wings and a burst of magic, they vanquished the Garden Gnome and sent him fleeing into the depths of the forest, never to return.

As the sun set on Buttercup Valley, casting a golden glow across the meadows, Clara and Chester celebrated their victory with a joyous dance beneath the stars, their hearts overflowing with gratitude and their spirits soaring high.

And as they fluttered through the meadow, hand in hand, Clara knew that no matter what adventures lay ahead, she would always have Chester by her side, ready to explore the wonders of the world together.

Clara la Farfalla

Nel rigoglioso prato della Valle dei Fiori, dove i fiori sbocciavano in ogni colore dell'arcobaleno e il sole danzava allegramente nel cielo, viveva una farfalla di nome Clara. Ora, Clara non era una farfalla comune; non era contenta di semplicemente svolazzare da fiore a fiore - era una farfalla di curiosità senza limiti e meraviglia senza fine, sempre alla ricerca di nuove avventure.

Con le sue ali delicate del colore di un tramonto estivo e i suoi occhi che scintillavano di eccitazione, Clara volava nell'aria come un piccolo gioiello, il cuore pieno di sogni di esplorazione e scoperta.

Ma la curiosità insaziabile di Clara spesso la portava nei guai. Che stesse inseguendo nettare elusivo o esplorando gli angoli più profondi della valle, aveva il talento di ritrovarsi nelle situazioni più precarie.

Un giorno, mentre volava attraverso il prato alla ricerca del nettare più dolce, Clara imbatté in un misterioso giardino nascosto nel cuore della valle. Incuriosita dal profumo allettante dei fiori esotici e dalla promessa di avventura, si avventurò dentro, le ali svolazzanti di eccitazione.

Mentre esplorava il giardino, Clara rimase stupita dalle meraviglie che trovava - fiori giganti che si ergevano sopra la sua testa, laghetti scintillanti pieni di pesci iridescenti e vegetazione lussureggiante quanto gli occhi potevano vedere. Era un paradiso diverso da qualsiasi altra cosa avesse mai visto, e sapeva che doveva esplorarlo in ogni centimetro.

Ma proprio quando stava per tuffarsi in una pozza di gigli profumati, Clara udì una voce dolce chiamarla dall'ombra. Sbalordita, si voltò e vide una piccola creatura emergere dalla vegetazione - un bruco di nome Chester, il suo pelo morbido come velluto e i suoi occhi che scintillavano di malizia.

Chester spiegò di vivere nel giardino da quando poteva ricordare, nutrendosi delle foglie e godendosi il calore del sole. Raccontò a Clara storie delle sue avventure e delle meraviglie del giardino, dai passaggi segreti nascosti sotto i fiori ai tesori nascosti sepolti nel profondo della terra.

Incuriosita dalle storie di Chester, Clara chiese se potesse unirsi a lui nelle sue avventure, e insieme si misero in viaggio per esplorare ogni angolo del giardino, i loro cuori pieni di eccitazione e le loro menti traboccanti di curiosità.

Da quel giorno in poi, Clara e Chester divennero i migliori amici, compagni inseparabili mentre viaggiavano attraverso il giardino alla ricerca di emozioni e avventure. Inseguirono gli arcobaleni e ballarono alla luce della luna, la loro risata echeggiante attraverso la valle mentre si godevano le gioie dell'amicizia e della scoperta.

Ma i loro giorni idilliaci nel giardino furono presto minacciati quando un'ombra oscura cadde sulla Valle dei Fiori - una figura sinistra conosciuta come il Gnome del Giardino, che da tempo bramava la bellezza del giardino e non avrebbe esitato a reclamarla per sé.

Decisi a proteggere la loro casa e la loro amicizia, Clara e Chester affrontarono il Gnome del Giardino, i loro cuori pieni di coraggio e le ali che tremolavano con determinazione. Con un battito di ali e una scintilla di magia, sconfissero il Gnome del Giardino e lo mandarono in fuga nelle profondità della foresta, senza mai più tornare.

Mentre il sole tramontava sulla Valle dei Fiori, gettando un bagliore dorato attraverso i prati, Clara e Chester festeggiarono la loro vittoria con una danza gioiosa sotto le stelle, i loro cuori traboccanti di gratitudine e i loro spiriti volando alti.

E mentre svolazzavano attraverso il prato, mano nella mano, Clara sapeva che non importa quali avventure li attendessero, avrebbe sempre avuto Chester al suo fianco, pronto ad esplorare le meraviglie del mondo insieme.

www.ingramcontent.com/pod-product-compliance
Lightning Source LLC
Chambersburg PA
CBHW061407140726
47997CB00003B/1410